사람 사는 이야기

이 도서의 국립중앙도서관 출판예정도서목록(CIP)은 서지정보유통지원시스템
홈페이지(http://seoji.nl.go.kr)와 국가자료공동목록시스템(http://www.nl.go.kr/kolisnet)에서
이용하실 수 있습니다. (CIP제어번호 : CIP2020054554)

사람 사는 이야기

초판 1쇄 발행 2021년 1월 6일

지은이 김철수

펴낸이 임병천
펴낸곳 책나무출판사
출판신고 2004년 4월 22일 (제318-00034)

주소 서울시 영등포구 신길3동 325-70 3F
전화 02-338-1228 **팩스** 0505-866-8254
홈페이지 www.booktree.info

ISBN 978-89-6339-666-8 03810

김 · 철 · 수 · 세 · 번 · 째 · 시 · 집

사람 사는 이야기

Human Tales

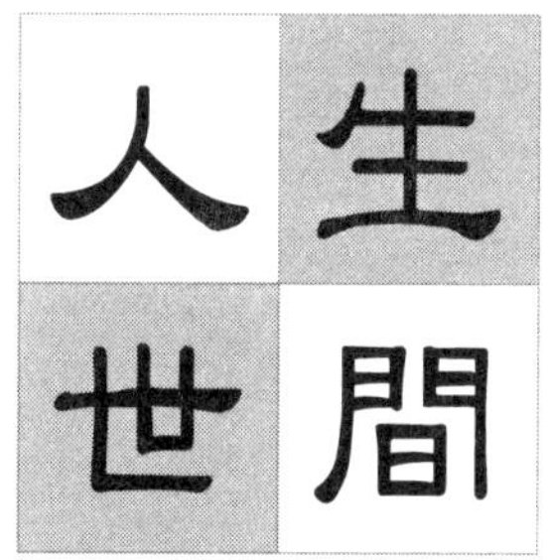

책나무출판사

세 번째 시집을 펴내며

어쭙잖다[어쭙짠타] :

비웃음을 살 만큼 언행이 분수에 넘치는 데가 있다

2014년 2월, 첫 번째 작품집 『사랑, 그 낯선 이름』을 발간할 때에는 시인이라는 직함을 부여받은 사실에 대한 엄청난 설렘과 뿌듯함으로 세상 부러울 것 없는 심정이었습니다.

매년 한 권씩 시집을 발간해 보겠다던 야심은 '세월호 사건'의 충격으로 인해 한동안 거의 포비아(phobia)에 가까운 침묵의 시간에 묻혀 버릴 뻔했으나, 그래도 한 가닥 살아있던 의무감으로부터 동력을 받아 이듬해였던 2015년 7월에 『사계: 춘, 하, 추, 동』이라는 이름으로 세상에 빛을 보게 되었습니다.

그로부터 만 5년이 지난 지금, 산지사방에 뿌려놓은 채, 여러 가지 구실로 방치만 해 두었던 말의 씨앗들이 다시 우글우글 자라나 또 하나의 제대로 된 거처를 요구하는 소리에 심한 죄책감을 느끼며, 그간의 무책임을 만회해 볼 요량으로 세 번째 작품집을 출간합니다.

‘연양갱’만 한 먹(墨)을 벼루 위에 한 시간 이상 정신없이 갈다가 그 진덤진덤한 먹물을 커다란 붓에 양씬 묻혀서 하얀 화선지 위에 번쩍 들어 올렸지만, 첫 점을 어디에 찍어야 할지 몰라서 벌벌 떨고 있는 어쭙잖은 얼치기 서예 학원생 같은 심정으로 한없이 초라한 말의 집을 지어봅니다.

누구라도 들어와 한 잔의 얌전한 차를 나누며 삶과 사람과 세상, 그리고 그 위에서 섭리로 운행하시는 그분의 은혜를 공유할 수 있으면 좋겠습니다. 지독한 전염병의 이간질로 벌어진 사람과 사람 사이의 ‘사회적 거리’가 서로에게 전하는 따뜻한 말과 정겨운 손길로 다시 끈적거릴 수 있기를 소망합니다.

2021년

서석동 연구실에서

| 목차 |

1부. 사람 이야기 人

2부. 사는 이야기 生

3부. 함께 사는 이야기 世

4부. 다시 '사랑' 이야기 間

1부

사람 이야기

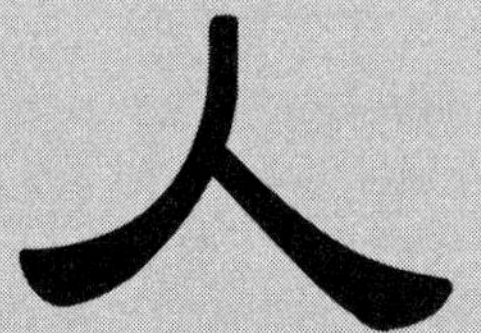

부모님의 회혼(回婚) 사진

은하수 너머 아스라한
기억의 창고 속
여적 수줍게 웃고 있는
빛바랜 초례(醮禮) 사진

켜켜이 더께 진
시간의 먼지를 털어내고
고난과 역경 그리고
슬픔과 회한의 얼룩을 지우고

한없는 은혜와
다함없는 감사 그리고
샘물 같은 기쁨과 영광으로
공들여 채색하고 나니
총천연색 영화로 살아나는
아들과 딸의 얼굴

저희들의 이 모습들이
거기서부터 비롯되었군요.
우리 역사를 열어주신

아버지, 어머니

두 분을 우리의 부모님으로 주신
하나님께 감사합니다.

아름다운 모습으로
저희의 곁을 지켜주신
우리의 자랑, 우리의 사랑.

고맙습니다.
사랑합니다.

그 고운 미소로 오래오래
우리와 함께 즐거워하소서.

소반(小盤)

-사랑하는 어머니 유재순 권사님의 팔순(八旬)에 부치는 시(詩)

청명한 하늘 한 줌
숭덩 썰어 내어
다사로운 햇살에
곱게 버무리고

아침 이슬 말갛게 우러난
동그란 무쇠솥에
존경과 감사를 담아
한소끔 끓여낸 후

입에 넣으실 만하게 살캉
씹으실 만하게 물컹
잘 익히어 한 상
소박하니 차려 올립니다.

암만 공들여 차려 올려도
진자리 마른자리로 갈아 주시며
밥알 씹어 목 넘겨주시던
그 정성에 비하오리까.

넘지 못할 그 사랑의 능선
감히 흉내 내며 그저
올려다볼 뿐입니다.
고맙고 감사할 따름입니다.

그대 없는 밤

그대 없는 밤
홀로 잠든
내가 대견하다

오렌지빛 비누 향도
올리브 향 오일도
마스크 팩으로 허옇게
부풀린 얼굴도 없는데

밤낮 지끈거리는
지구에 눈길도 주지 않는
무심한 달빛만
마음에 품은 채

그대 없는 밤
홀로 잠든
내가 대견하다.

그대도 없는 밤
보이지도 않는 달빛에 잠긴

사랑의 기억만으로도
홀로 잠들 수 있는
내가 참으로 대견하다.

한국의 조이스티블룸(Joy-Steph-Bloom), 김종건 선생님의 회고록 『수리峰』에 부치는 시(詩)

호랑이 포효(咆哮)에 바람이 응하고
용의 승천(昇天)에 구름이 답하던 진해 수리봉(峰)
그 언덕배기 한 바위 위에
제임스 조이스라는 애란(愛蘭)의 작가와 더불어
바둑을 두던 한 학자(學者)가 있었네.

스티븐의 집요하고 요란한 호기심의 추적을
예리한 지성의 흑돌로 따돌리고
블룸의 질펀한 낭만의 흐드러진 술판은
따스한 감성의 백돌로 다독이며 지어 온
묵묵하고도 치열한 솔성지도(率性之道)의 삶.

여든 두 성상(星霜) 삶의 언덕을 넘으며
결코 순탄치 않았을 그 고투(孤鬪)의 험로(險路)를
"모래알을 헤아리는 마음으로,
햇빛을 물 퍼서 대지를 적시는 심정으로"
한 발 한 발 꾹꾹 눌러 찍어 걸어오는 동안,

마부작침(摩斧作針)의 발걸음들 쌓여
두 팔로 안기에 겨운 한 그루 큰 나무가 되고

그 열매와 씨앗과 향기는 각각
구름에 실리어 바람에 날리어
산지사방 크고 작은 숲들을 이루었네.

평생 잘 닦아 놓은 청동거울에 비추인
성실한 그의 삶의 매무새는
나와 너와 우리가 씨줄과 날실 되어 엮어가는
역사의 직물(織物) 위에 아름드리 펼쳐질
곱고도 뚜렷한 한 점 무늬로 기억(記憶)되리라.

* 제임스 조이스 연구에 평생을 바치신 김종건 교수님의 자서전 출간을 축하드리며, 존경과 감사의 마음을 꾹꾹 눌러 담아 쓴 졸시입니다.

『제임스조이스저널』 발간 30주년을 기념하며

서른여덟 해 전
애란(愛蘭)의 수도 더블린을 지나며 흐르던
리피라는 강물에 세례 받고 돌아온 한 선교사가
한가득 안고 돌아온 보따리 속의 수수께끼가
온 땅에 복음 되어 퍼지기 시작하였네.

팔백 년 식민지
설움과 분노로 점철된 오욕의 역사가
저주의 장승처럼 뿌리 되어 박힌
친애하는 더러운 더블린에

펜과 잉크를 바늘과 실 삼아
한 땀 한 땀 정성을 담아
조국의 도덕사를 수놓으려 했던
한 글쟁이가 있었다는데,

잿빛 도시의 하늘로 양피지를 삼고
영원히 흐르는 리피의 강물로
마르지 않을 잉크를 삼아
뫼비우스의 띠처럼 순환하는 역사와

그 위에서 생로병사 하는 인생사를 그려
감히 측량 못 할 세계를 창조하였다네.

생중사의 미로를 혈기로 박차고
오르다 추락한 이카로스와
아들의 분노를 중용의 미소로
애써 다독이던 다이달로스의 처연한 사연이

트로이의 영웅 오디세우스와 그의 아들 텔레마코스
그리고 그의 아내 페넬로페의 거룩한 곡조를 타고
더블린에서 한 판 거방지게 연주되는 동안

그 모든 것 초월한 피네간의 박장대소와
불사조 같은 그의 부활의 소문도
리피 강을 따라 흐르고 흘러
이 땅의 강이란 강은 모조리 타고 흘러
마침내 동방의 고요한 아침의 나라에 이르렀네.

백 년의 수수께끼에 호기심이 동한
동방 나라의 백면서생(白面書生)들이

의식의 주머니 속에서 꿈틀거리던 글자로
광산의 심연을 뒤져 에메랄드를 캐듯,
강바닥 모래를 뒤적여 사금을 캐듯,
그 복음 해석한 지 이제 삼십 년.

켜켜이 쌓인 정금과 보석들이
작품 속 온 누리의 언어를 하나로 엮어 줄
반짝이며 빛나는 바벨탑이 되어
만인의 눈앞에 우뚝 설 그날까지 그리고
다시 무너질 그 순간까지 그리하여
처음부터 다시 시작해야 할 그 순간까지라도
우리의 걸음은 쉬지 않으리라!

제임스조이스저널이여 영원하라!

부스러기 은총

집 뒤 나지막이 솟은 언덕
해름 참 산보 삼아
나보다 더 나이 많은 순돌이랑
두어 바퀴 오르락내리락

외로이 멍울지다
하얗게 핀 목련 발치에
솔뿌리와 덤불에 걸리고
무심한 구름 그림자에 가리어
숨도 못 쉬던 작은 이파리들

저물어 가는 석양이
곁가지 사이 슬쩍 던져 준
한 줌 볕뉘 자락에도
호렙산 떨기나무가 되어
거룩한 불길로 빛난다.

* "여자가 이르되 주여 옳소이다마는 개들도 제 주인의 상에서 떨어지는 부스러기를 먹나이다 하니 이에 예수께서 대답하여 이르시되 여자여 네 믿음이 크도다 네 소원대로 되리라 하시니…"(마 15:27-28)

꽃다운 꽃

먼저 피었다 시들어 거름 되어 준
친구들의 주검을 딛고
어둠의 칠흑 한가운데서
다시 오지 않을 것 같던 새벽을
기다리고 있었습니다.

그 새벽 불시에 앞질러 온
운명 같은 안개의 거미줄에
수족이 묶여 허우적거리거나,
뙤약볕에 온몸의 혈관과 관절 그리고
골수의 진액을 다 빼앗겨 또 다시
샛노랗게 죽어가는 동안,
내 가련한 몸뚱아리에서 다시는
색깔 고운 꽃을 볼 수
없을 것만 같았습니다.

뿌옇게 호흡을 막던 대기 사이로
지성으로 뿌려 주신 이슬방울들과
노랗게 늘어진 시신들 위로
굳게 잡고 놓지 않던 동무들의

푸르디푸른 손 마디마디가

새로운 줄기가 되고, 이파리가 되고,
작지만 단단한 꽃대가 되어 그 위로
꽃다운 꽃이 될 만한 봉오리 하나
그윽한 미소로 떠오르게 되었습니다.

여름의 대지처럼

가슴 가득 응어리진 그리움을
밤 맞도록 쿨럭거리며
마른기침으로만 뱉어내던 구름이

어느 칠흑의 공간에
그 눈물 다 쏟아 내고
후련해진 발걸음으로
아침의 동산을 넘어갈 때도

대지는 그 발목을 붙잡지 않는다.

성마른 한여름 햇볕이
씩씩대며 찾아와
불같은 정열로 온 산하를
후끈 달구고 난 뒤

어느새 훌쩍 찾아온
석양의 그림자 뒤로
계면쩍은 표정과 더불어
슬그머니 자취를 감추어도

대지는 그 발걸음을 원망하지 않는다.

다만 가끔씩
살포시 웃으며 지나는 미풍에
하얀 이 드러내며 고개만 끄덕일 뿐.

우수리스크에서

블라디보스토크의
후텁지근한 물안개를 비집고
북쪽으로 한 시간 반가량
털털거리며 올라가다 보면

아주 우수한 경치를 지닌
우수리스크라는 곳이 나온다.
Уссурийск

광활한 초원과 더불어 숨 쉬며
수백 년 대발해(大渤海)의 성터를
질기게 지켜온 엉겅퀴의 후예들과

조선독립의 불꽃 이상설의
분노를 안고 유유히 달려 온
슬픈 그 이름 수이푼 강,

비운의 독립군 대부 최재형과
이젠 비석이 되어
그 이름만 남은 영웅들,

응칠대장 의사 안중근,
13도 의군 도총재 유인석,
봉오동 전투 사령관 홍범도,

그 굵은 한의 매듭 사이사이
카레이스키 디아스포라의
설움과 분노와 체념 그리고

거부 못 할 태생의 흥 가락들이
피보다 진한 아리랑으로 굽이쳐
오늘 내 발 앞까지 흘러온다.

내 이름

유난히 아들 자손이 많은
집안의 형제들 가운데
막내로 나신 아버지

물 이름 수(洙) 자를
항렬로 쓰는 집안 조카들에게
마음에 드는 이름
다 빼앗긴 후에
큰아들을 낳게 되셨다.

성수, 찬수, 현수,
상수, 백수, 옥수,
경수, 정수, 종수,
수많은 수(洙)들 중에
겹치지 않은 수(洙)가 있었으니,
이름하여 철수.
밝을 철(喆)에 물 이름 수(洙)

외국 생활하며 듣던
서양인들의 꼬인 발음

쫄쌰, 쩔쌰, 쨀쌰 거북하여
찰스라 부를 것을 허(許)한 후
영어로 말하는 날엔 무조건
아임 찰스, 찰스 대디!

나를 나 되게 해주고,
다른 이들과 구별되게 해주는,

때로는 우습고, 때로는 유쾌하며,
때로는 유치하고, 때로는 살가우며,
가끔은 개명을 하고 싶을 만큼
짜증 넘치는 이 이름도

그를 고이 입에 담아 정겨이 불러주는
당신이 없다면…

진수 형제에게

낮게 드리운 구름 뒤
햇빛도 빗방울도
숨을 멈추고 너 가는 길
열어 주는구나.

삶이 맡긴 치열한 숙제
성실히 완수해 보려던
뜨거운 손길 도리어
그 생명 거둬가고 말았구나.

영정 옆 창백한 표정들이
못내 눈에 밟혀
발목 잡힌 거북이마냥
허적허적 걷는 동안

먼발치서 바라보던 베드로
오래전 구겨진 채
굳어버린 주머니 뒤적이며
천국문의 열쇠를 찾는다.

이 땅에 남겨져
슬프게 흐느끼는 어깨들은
주님의 십자가 그늘에
그저 기대어 놓고

날빛보다 더 밝은 그곳에서
환히 활짝 핀 얼굴로
날마다 동산 중앙을
주님과 함께 걸으며

찬양하며 기도하며
편히 쉬어라.
우리 다시 그곳에서
만날 때까지.

* 하나님께서 故 황진수 형제의 영혼을 받아주시고, 유가족들을 위로해 주시기를 기도합니다.

하늘, 가을

오늘따라 하늘은
저리도 푸른데
내 사랑은 대체
어디에 숨어 있는가.

밤 별 그윽한
숲속으로 떠났는가.
오솔길 자욱한
안개 속에 묻혔는가.

강가 수군대는 억새 틈에도
시냇가 반짝이는 조약돌 새에도
나의 사랑은 흔적조차 없네.

애써 내민 수줍은 손
붉은 가슴에 담고서
미소만 남은 가을 숲속으로
총총 사라지고 난 후

꽃 지고 잎 마른 들판에

그렁그렁 황혼이 고이면
황금빛 서러움만 또다시
무서리 되어 쌓이려나 보다.

배롱나무

모두가 그렇다 할 때
홀로 아니라 할 수 있는 용기

모두가 아니라 할 때
홀로 그렇다 할 수 있는 결기

모두가 뻣뻣이 서 있을 때
홀로 까르르 뒤틀릴 수 있는 장난기

세상이 바뀔 때까지
함께 쉬지 않고 피어대는 끈기.

가을 나무

온몸 구석구석
흔적으로 새겨진
수다한 기억들
아스팔트 위 소스라치다

이제는 또 그리워질
시간 저 너머로
뚜벅뚜벅
사라져가고 있다.

눈물 그렁그렁한 하늘
그 당당한 이별을
떨며 배웅하는 동안

잿빛 눈물 저 너머엔
반짝거리는 억새의 파도
은빛으로 출렁인다.

겨울 표정

천지를 덮은 얼굴
하얗게 웃고만 있는데
그 목소리 아직
구름 뒤 아득하니

아스라한 기억
저만치서 아른거리는
손 잡아볼 날이
그 어느 때일까?

사철나무 위
무게로 얹힌 겨울은
그대를 향한 나의
편리한 사랑.

무거워 휘어지면
저절로 떨어져 흩어지고
햇살이 장막을 젖히면
알아서 녹아내리는

푸른 길

종일 내리쬐는 햇볕 아래
풀썩거리는 사막의 먼지 사이로
길게 들어선 오아시스 하나.

사람들은 낙타에서 내려
신발의 먼지를 털고
경건한 순례의 걸음을 내딛는다.

역사가 운명을 싣고
씩씩대며 달리던 길 위로
추억이 그리움의 손을 잡고
재잘재잘 함께 걷다 보면

먼 산 계곡 하나 어깨 위에 내려앉고
여름의 미소가 살포시 그 위를 스친다.

큰 달

어두운 하늘 한가득
두둥실 떠오른 달
시린 가슴 그대를 향한
나만의 그리움인가
구름 당겨 덮으려 하니
오히려 더욱 빛나네.

산 너머 먼동 트기 전에
여민 가슴 빗장을 풀고
내 마음 달빛에 둥둥 띄워
그리운 그대에게 보낼까.

내 마음 호수 한가득
그림자 드리운 달
꿈결 속 그대를 향한
병에 담긴 사랑인가
두 손 저어 막으려 하니
물결 타고 더 가까워지네.

들 너머 눈 오는 소리 들리기 전에

유리병 속 편지로 종이배 접어
내 마음 호수에 살랑 띄워
사랑하는 그대에게 보낼까.

눈 오는 날

눈이 온다.
눈이 온다.

눈 온다고 팔짝팔짝 뛸
예쁜 강아지도 없는데
눈은 그냥 내린다.

창가에 묻어 떨어지는 눈발
가느다란 손가락으로 세어가며
밤새 술잔 기울일 너도 없는데
눈은 그냥 내린다.

너 없는 들판에 내리는 눈은
그저 내 마음속에
뜨거운 눈물로 쌓여
그대로 녹지 않는
하나의 슬픔이 된다.

별 없는 밤

후미진 골목 지친 귀갓길에
슬픔으로 빛나던 별
어느 날 종적을
감추어 흔적도 없다.

기다란 그림자들
음흉한 손짓 들어
애써 키득거려도
가로등 머리 위에서
처연히 웃어만 주던 그 눈빛

부신 달빛에 가리워
볼 수 없는 것인지
눈에 띄지 않으려
구름 그림자 뒤에 숨은 건지

행여 닫지 못한 창틈으로
한 줌 서러운 새벽빛만
또 무심히 밀고 들어온다.

정갈한 낙엽은 한밤중에 떨어진다

어느 가을에나 쉽사리
바닥으로 떨어지는
낙엽들이 있다.

언젠가 수천 길
땅 밑에서 맛보았던
수맥의 그윽한 추억에

평생 박쥐가 되어
아래로 아래로만
고개를 내리다

살풋 부는 동풍에도
쉽사리 인연을 끊는
그런 낙엽들이 있다.

어느 가을에나 진득이
떨어질 곳을 고르는
낙엽들도 있다.

한 철 내내
스쳐만 가던
여린 햇살에 환호하며

뿌리에서 힘겹게 올라온
한 톨 수분만으로도
온 숲을 채우다

매서운 북풍 불기 전
아무도 모르는 어둠 속으로
툭 하고 떨어지는 낙엽들도 있다.

정갈한 낙엽들은
아무도 슬퍼하지 못하도록
한밤중에 떨어진다.

죽어야 사는 이야기

야식 먹는 내가 죽어야
뱃살 빠진 내가 살고
연속극 보는 내가 죽어야
책 읽는 내가 산다.

생각 많은 내가 죽어야
순종하는 내가 살고
재주 많은 내가 죽어야
겸손한 내가 산다.

사랑이라고 다 사랑이 아니며
숨 쉬고 있다고 다 살아 있는 것이
결코 아니로구나.

나를 위해 목숨을 던진
그로 인해 우리가
함께 살아난 듯이

오늘 내가 죽을
자리는 어디며

다시 살아나야 할
자리는 또 어디일까.

이것은 필시 선택이 아닌
결단의 문제렷다!

포스트휴먼(Post-Human)

한참을 머뭇거리다
하늘에게 물었다
오늘 낮빛이
왜 그러느냐고.

한동안 말이 없던
하늘이 말했다.
오늘 눈빛이
왜 그러느냐고

춘추전국 시야를
두 벌의 다초점 안경으로
어렵사리 평정하고
나는 사이보그가 되었다.

2부

사는 이야기

生

새해 첫날의 기도

새해 첫날 첫 시간에
하나님을 뵙겠다고
부지런한 부산을 떨며
길을 나섰습니다.

누구보다 먼저
당신께 인사하며
새해 첫 복 듬뿍
받겠노라 기대했지요.

그런데 웬걸,

창밖엔 동짓달 보름날
휘영청 밝은 달이
무슨 일 났느냐며
큰 눈을 껌뻑입니다.

아하! 다행입니다.

아직 다 드리지 못한 고백

가슴에 응어리로 고여둔 채,
아직 다 채우지 못한 약속
혀끝에 매듭으로 묶어둔 채,

하마터면 천하에
큰 사기꾼이 될 뻔
하였으니 말입니다!

생명 2

누구는
못 본 채 올라가고
누구는
못 본 체 내려간 사이

하늘 땅 바쁘게
두루 흘러 다니던
성실한 그의 혈관은
어느새 천로역정이 되었네.

눈에 보이는
강직함과 화려함에
몹시 놀라거나
매혹당하지 말 것은

진정한 생명 취하는 길은
날 때 보다 더 작게
자신을 부수어
하늘의 숨결에 흔적 없이
스미는 일뿐인 것.

지리산 백무동

하늘 한 사발
정갈하니 떠다 놓은 자리
큰 산 하나 둥둥 떠 있다.

매미 소리
산새 소리

나비 날갯짓에
덤벼드는 꽃가루 소리

부채 바람 온몸으로
애써 버티는 날벌레 소리

종일 깔깔대며 흐르는
계곡물 소리에
푸른 반죽으로 섞여

말없이 떠 있는 큰 산
그 머리 위에 또 얹힌다.
그래도 산은 아무런 말이 없다.

승촌보 일출

모두가 숨만 쉬는
무력과 혼돈의 시간,
멀리 붉은 점 하나
애써 담벼락을
기어오른다.

공허한 어둠을 넘어
밤새 지구 한 바퀴를
훌쩍 돌아온 그를 맞으러
바지런한 가을꽃 하나
까치발 하고 섰다.

이른 새벽 승촌보에
생명들이 모여
이어달리기를 한다.

한여름 밤의 꿈

한밤 외롭던 뜨락에
섬광 한 줄기 번쩍
요란한 벼락을 몰고
찾아왔다.

영문도 모른 채
뜨거워진 심장은
마른 입술 칭얼대며
긴 밤 잠꼬대로 뒹굴다

어스름 새벽
제자리 돌아온 지구
창문 두드리는 소리에
그예 잠에서 깬다.

팔월 계룡산

아무런 소득 없이 악만 쓰다가
서산 너머로 오뉴월을 보내게 생긴
고독한 매미 한 마리

길게 늘어진 노을 자락
꼭꼭 붙잡고 밤새 씨름을 한다.

이른 아침 동녘 산자락
하릴없이 느릿느릿
기어 오는 칠월 햇볕에
억장이 무너진 또 다른 매미

그 햇살 한 올 양껏 부여잡고
새벽부터 또 씨름을 한다.

눈치 빠른 동네
까막까치 온갖 잡새들
식전부터 모여들어
부산 나게 오작교 타령

여름 아침을 깨운
계룡산 짝짓기 열풍에
텐트 속 팔월도 발딱 일어섰다.

애통(哀痛)

파란 가슴 한 줌
풍덩 잿빛 눈물 속에
빠져버렸다.

두 손 휘휘 건져내려 해도
점점 더 깊이
어두워져만 간다.

귓불 스치던 먼 산 겨울바람은
얼어붙은 손톱 사이
비집 되어 스미고

겨울보다 더한 통증에
발목 잡힌 태양은
황혼의 붉은 문턱마저
차마 넘지 못한다.

흐린 날 아침, 조선

푸르기만 하던 하늘이 먹구름의 묵직한 그늘로부터 여적 해방되지 못하여 답답하기만 한 아침에 철제 건조대 위에 두 팔 벌린 채 널린 천진스런 조카들의 셔츠는 언제 돌아올지 모르는 햇볕을 기약도 없이 마냥 기다리고만 있다.

창문을 열어 환기를 시키거나 전기 건조기를 가동시켜 인공의 열풍으로 빨래를 건조해 주던 나는 불현듯 어릴 적 방학 때마다 놀러 가서 몇 날이고 며칠이고 머물며 놀곤 했던 큰 집이나 외가의 너른 마당에서 낭창낭창한 빨랫줄에 걸려 멋대로 춤을 추며 흔들리던 옷가지며 홑이불 속을 마냥 뛰어다니던 어린 시절의 기억 속을 더듬어 찾아간다.

언젠가 저 암울한 시대의 구름을 뚫고 다시 띠얏거리는 한여름 햇볕이 고개를 내밀어 주는 날 초라한 아파트의 베란다 난간일망정 고이 닦아낸 후에 그 빨래들을 다시 널어놓아 저만치서 달려오는 바람에 한 번 몸을 맡기게 해 봐야겠는데, 그때가 되면 이 비겁하고 눅눅한 현실을 가벼이 털어내고 고실고실한 몸으로 춤을 출 수 있을까.

쉼

오늘은 낯선 개운함을
찾아 나서는 수고로움보다

낯익은 게으름에
무기력한 척 빌붙어
가만히 있으려 합니다.

가끔씩 재잘거리며
익숙한 향기 거실 가득 채워주는
원두커피의 마술을 기다리며

느리게 지직거리는
엘피판 회전수에
호흡과 맥박을 맞춰가며

아무도 찾아오지 않는
외로운 병실에 누운
무명의 가수처럼

아직도 발표 못 한

자작(自作)의 노래들
다시 한번 잠잠히
읊조려 보려 합니다.

토요일 아침

여덟 시 같은 느낌 나는
토요일 아침 여섯 시
빛나는 태양 자락들이
반짝반짝 내 눈을 간질인다.

화분 옆에 머쓱하니 서 있던
건조대 위 세탁물들
불시의 손님들을 온 맘으로
두 손 벌려 환영하고

한 주간의 욕망과
불안과 불편 가득한
나의 초라한 서재로
공손히 모셔온다.

간밤 꿈속 미처 정리 못 한
욕망을 처리하느라
놀라움과 부끄러움으로
우왕좌왕하는 사이

거룩한 존재의 현현
그것들 모두 녹여 은혜의 황금 벽돌 만들고
얼룩진 책상 위에 가만히 올려놓은 후
평안한 아침상으로 나를 부르신다.

산책하는 즐거움

콘크리트 제단 위에
발이 묶인 백마는
그 튼튼한 한 다리를 들고
어디로 뛰어가려는 것이냐

빨간 보도블록 새
뿌리가 매인 은행나무는
소란한 거리를 등지고 서서
무슨 말을 전하려는 것이냐

깃대에 매어 달려
무시로 펄럭이는 저 깃발들은
그 각양의 함성으로
무슨 외침을 휘날리고 있는 것이냐

무더운 대기의 휘장을
애써 비집고 들어가
촉촉한 온몸의 감각으로
부대끼지 않으면

볼 수도 들을 수도
느낄 수도 없는
신비의 아우라.

여름밤 소나기

갑자기 등 뒤에서
쫘악하고 여름이
갈라지는 소리가 난다.

몇 날이고 며칠 동안
수 없는 물질과 부채질 거기다
수만 킬로와트 전기질로도

벌겋도록 달아오른 뺨과
앙다문 입술 사이로
엷은 신음소리 하나
끄집어낼 수 없더니

잠깐 열린 하늘 슬쩍
손짓하고 지나간 사이

쟁반 위 떼구르르
구르기만 하던 수박 하나
쩍 소리를 내며 입을 연다.

이제 가을의 은신처를
알아내는 것은
시간문제렷다!

웃자고 쓴 시

복날 셋 무사히 넘긴
우리 집 강아지
꼬리를 흔들며 왈왈
좋아라고 난립니다.

갑작스런 찬바람에
소름 돋은 팔뚝 매만지던
뒤뜰의 단풍이
정색을 하더군요.

나무 끝 매미 소리
이슬 사이로 숨고
풀섶 귀또리 울음
더 또렷해지기까지는

구름 뒤 태양은 아직
완전히 가리운 것 아니며
백일홍 꽃잎 다 지기 전까지
아직 추수의 때가 아니라고

내 표정 곰곰이 살피던
가련한 그 강아지는
제 꼬리 살그머니 내리고
책장 뒤 그늘로 숨고 맙니다.

보물찾기

숲을 아무리 뒤져도
선생님의 도장이 찍힌 용지는
발견되지 않는다.

키 큰 나무 풀어헤친
머리 타래 끝에도
그 그늘 지나 저만치에
카멜레온처럼 숨은
가시덤불 사이에도
건너편에 행감치고 앉은
바윗돌 엉덩이 밑 어느 곳에도

하얗게 두 번 곱게 접힌
네 잎 클로버는 보이지 않는다.

산새의 지저귐에 얹혀 온
선생님의 호루라기 소리에
충혈된 눈가의 물기
아무렇지 않은 듯 훔치며
다시 내려가다가

오가던 발자국 위에
우표처럼 더덕더덕 붙은
색 바랜 꽃잎

비 갠 아침

이제 그동안
깊게 닫아두었던
빗장을 풀고

싱그러이 다가오는
너의 갸륵한 숨결을
진득한 나의 호흡으로
맞아들일 수 있겠구나.

밤새 흐르던 눈물
고요히 마른자리에
짙은 초록이 환한 미소로
손짓해 주면

오랜 기다림으로
우울만 했던 나의 영혼은
잉크마냥 스며든 여름 볕으로
천지가 사막으로 변한다 해도

한없는 기쁨의 춤사위로

그 위를 맨발로 팔짝팔짝
뒤따라오는 석양마저도
맞을 수도 있겠구나.

가을꽃

바람이 분다.
가슴에서 쨍그렁 별들이
떨어지는 소리가 들린다.

아무도 모르는
메마른 바위틈에
하냥 죽은 목숨으로
내던져진 그 별들 위로

진홍빛 황혼이
피로 엉겨 덮이고
슬픈 눈물은 긴 시내가 되어
망각의 강물로 흐른다.

해 뜨고 바람 다시 부는 날
말갛게 씻긴 별은
하얀 가을꽃이 되어

부서진 가슴 가득
재잘재잘 피어나는

꿈을 꾼다.

어디서 다시
바람이 부는 소리가 들린다.

축제의 밤

황금 공작 한 마리
긴 꼬리 반짝이며
서편 언덕을 넘으면
종일 울상이던 하늘의 표정은
이내 환한 미소로 바뀐다.

여름의 체취 아직 흥건한
나른한 숲속 그늘 아래서
손가락만 튕기던 별들은
귀뚜라미의 팡파레에
화들짝 눈을 뜨고,

곰 같은 어둠이
광장의 외곽을 경계하는 동안
별들은 모여 바다를 이루고
불사조 한 마리 그 위로
노 저으며 돌아온다.

사계(四季)의 감사

I. 봄(春)

차디찬 얼음 그늘 아래
숨죽여 겨우 흐르기만 하던 시냇물이
어느 햇살 다사로운 날
제 소리로 콸콸 노래하다가

발아래 울긋불긋 나풀대는
드넓은 꽃 천지 보며 소리칩니다.
"그대들은 대체 언제 이렇게 피어났는가!"

아지랑이 뽀오얀 입김에
간지럼 타던 꽃들이 수줍은 듯 대답합니다.

"당신이 아니시면…"

II. 여름(夏)

산천을 달구던 햇볕과
지축을 울리던 뇌우에 놀라
구름 뒤에 숨어만 있던 하늘이
그 서러움 밤새 눈물로 쏟아내다가

한껏 맑아진 바닷가에 장대히 솟은
해송들을 보며 외칩니다.
“그대들은 대체 그 무서운 밤을 어이 견디었는가!”

바닷가 커다란 바위 아래
굳건히 뿌리내린 해송들 겸손히 고개 숙입니다.

“당신이 아니시면…”

Ⅲ. 가을(秋)
목 놓아 울던 매미 사라진 자리
또록또록 귀뚜라미 밤이 맞도록 노래하고,
녹음 우거진 숲속에 숨었던 붉은 별들
하나둘씩 한숨 쉬며 흩날리다가

환한 빛 갑자기 비춰 온 숲길 건너
황금빛 벌판으로 탄성을 보냅니다.
“그대는 언제부터 이렇게 빛나고 있었는가!”

태풍과 뙤약볕 다 견디고 잘 익은 알곡들

품에 안은 이삭들이 하늘 보며 노래합니다.

"당신이 아니시면…"

Ⅳ. 겨울(冬)

두터운 구름 태양마저 가린 날
종일 내린 눈으로 온 세상 하얗게 뒤덮여도,
아담한 오두막에 저녁 짓는 연기 피어올라
찬송과 기도 소리 온 동네 들썩이면,

언 손 불며 호호 지나던 동네 사람들
고개를 갸우뚱 서로에게 묻습니다.
"저들에게서는 어찌 감사가 끊이지 않는 것인가"

동그란 밥상머리 제비처럼 둘러앉은 식구들
한목소리로 크게 외칩니다.

"당신이 아니시면…"
"아! 당신을 내게 보내신 그분이 아니시면…"

드라마 유감

백날이 넘도록
설마설마
이제나저제나

의심의 두툼한 숲 지나
애통과 탄식의 언덕을 넘어
분노의 강물을 허우적
건너고 나서야,

비로소
낙원에 이른다.

그런데
일 년 단위로
그 시간이 흐르는
낙원의 문은 너무
빠르게 닫힌다.

생각보다
훨씬 빨리 닫힌다.

그대의 얼굴

하늘이 주신 낮빛에
악마의 그림자
드리운 것은

잔인한 계절 뒤 숨은
게으른 봄볕 탓이 아닐 겝니다.

호복한 미소에
싸리문짝으로 걸친
깊고 굵은 주름도

때맞추어 지나던
철없는 장대비 탓이 아닐 겝니다.

다만
간밤 눈물기 미처
마르지 않은 안경알에
봄꽃 가루 살랑
내려앉았을 뿐.

혈로역정(血路歷程)

당신이 주신 생기 가득
심장의 문턱 막 나설 때,
내 소망은 하늘 끝 땅끝이었다.

순간의 쉼도 허용함 없이
나 위해 펄떡이는 그 온기
아직 멀지 않던 그때,
내 몸 아직 붉었다.

수 없는 싸움터 지나
버거운 적들마저 넘어
사명의 꿈속이라도
뒹구는 동안

전신은 멍으로 얼룩지고,
약속의 아련한 기억마저
싸늘해진 몸뚱이에
본향의 온기 시퍼렇지만,

암흑이 감춘 오솔길 새에도

미풍은 봄처럼 불고
실낱같은 그 약속은 시방도
맥박으로 펄떡이며
아직 먼 길 밝힌다.

가을을 보내며

그대 잘 가라.

송글송글 땀방울 사이
홀연한 바람으로 찾아와
가장 높고 푸른 하늘과
가장 깊은 바다를 선물하고

온갖 다양한 색깔들과
그 색깔들이 가진
수천의 목소리들로 인해
산과 들판을 가장 아름답게
숨 쉬게 하던 그대,

이제 표정도 없이
싸늘하기만 한 한 손길이
우울히 쥐여주는
계약만료 통지문을 받고
두말없이 왔던 길을
성큼성큼 돌아가는구나.

그대 잘 가라.

그대 떠난 빈자리
암울한 잿빛 그늘만
갈라진 아스팔트로 드리우고
얼음 날개를 단 겨울바람
비단처럼 내려 덮여도

잘린 손모가지들
줄줄이 묘비로 세워진
그 회칠한 무덤들 밑으로
웅얼거리는 복화술들이
형형색색 다시 모여들어

그대가 가르쳐 준
아름답고 화려하면서도
장중한 곡조를
또한 그대가 가르쳐 준
잔인하리만치 길디긴
인내의 호흡으로

쉬지 않고 부르고 있으리니.

그대, 부디 잘 가라!

3부

함께 사는 이야기

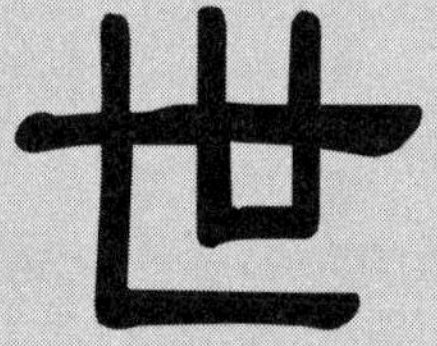

새봄 아침의 기도

길고 어두운 죽음의 강변
시커멓게 썩은 물 할짝이며
구차히 연명해 온
목숨이었나이다.

탐욕으로 비틀린 가지
허세로 옭아매고
고통으로 눌린 뿌리
서러움으로 겨우 가리우며

왜 하필 여기 이 자리에서
도대체 누구를 기다려야 하는지
점점 아스라해지는 기억이
수평선을 넘어갈 즈음,

꿈인 듯 불쑥 돌아온
화사한 봄볕에 내 눈은
오히려 먼 듯 아득해지나이다.

이제 다시 불끈 일어나

온몸으로 이렇게 외치게 하소서.

간교히 부벼오는 유혹의 어깨
비틀어 제압할 강한 정신과
논리들의 숲을 헤쳐나갈
기특하고 영민한 팔과 다리

그리고,
사악한 안개의 장막 속에서
당신의 빛을 찾을 수 있는
순결한 시선을 주시면
다시 허락하신 시공간에서
제가 당당히 승리하겠나이다!

그러나 그 전에
그 빛 앞에 아직 눈앞 아득할 때에
오히려 더 작게 움츠리게 하소서.
더 겸손하게 기도하고,
더 깊이 묵상하고,
더 따뜻하게 사랑하게 하소서.

더…

더…

더욱더…

개화(開花)

완고한 손끝
집요히 매달려 있던
진공의 포장을 걷어 낸 순간
하늘은 따사로운 숨결로
새 생명을 맞아준다.

바로 그때
재깍 돌아가기 시작한
엔트로피의 시계

태어나는 순간부터
모든 생명은
죽음을 향해
환희의 춤을 추고,

그 고귀한 여정
애처로이 바라보던 나도
초라한 첫발을 또 내딛는다.

동명동, 동명교회

동명동과 동명교회는
두 살 터울 형제간.

읍성 동문 밖에 있어 동박에,
동계천 가에 있어 동계로 불리다,
동쪽의 밝은 빛,
동명(東明)의 이름 얻었다.

이천 년 전 유대 땅,
초라한 말구유에 나신 예수,
칠십 년 전 동명동 차운 바닥
성령으로 임하셨다.

아장아장 걸어 다니던
두 살배기 동명동,
귀한 동생 생겼다고
좋아라 신이 났다.

세상을 비추는 동방의 빛,
빛고을 중심 지키던 동명(同名)의 형제.

철없는 동생 집에
낯선 이들 몰려들어
북 장구 치며 난리 피워도,
이런 게 사람 사는 것
아니겠냐며 형답게 너털웃음.

불의한 발자욱들
형의 이름 짓밟고,
식솔들 쫓겨 피신해 올 때,
우리가 남이냐며 조용히
사립문 열어 맞아주던,
동생의 은밀한 미소.

칠십 년이 백 년이 되고,
백 년이 천 년이 되어도,
한 족보에 그 이름 같이 빛날,

동명동과 동명교회는
딱 두 살 터울 형제간.

동명교회가 동명동에게 1

성님! 듣고 봉께 그라요.

진작에 성님 모셔다 놓고 우리 집이 이래 이래 생겨서 허물고 새로 지어야 쓰겄는디 성님 생각은 어쩌시오 엇따가 뭣을 놓으면 쓰겄소 요것은 어째야 쓰겄소 친절허니 여쭤봤드라믄 좋을 뻔했소.

성님 동네에 발뻗대고 삼서 시도 때도 없이 나 좋다고 찾아온 친구들이 즈그들 방식대로 지지고 볶고 떠들어 싼 것이 어찌나 성님한테 미안하든지 쪼까 자제를 시켜볼락 했는디 그것이 즈그들 노는 식이라 안하요.

북녘땅 어디선가는 즈그 할배가 믿던 신앙을 속으로만 샘키던 이들이 찬송 소리를 그리워하다가 나라에서 세워놓은 가짜 교회에서 흘러나온 찬송과 설교 소리에 감동을 받아 매 주일 그 주변을 서성거리는 사람도 있답디다.

우리도 그랄지 알았소.

우리집에 가득 찬 우리가 받은 복이 창 너머 문 너머로 폭포수 마냥 홍수 마냥 흘러넘쳐서 온 동네가 천국으로 바뀔지 알았소. 왜냐믄 우리 집에 온 친구들 중에 인생의 어렵고 힘들고 위험한 어느 날 딱 죽어 불고 싶던 어느 순간에 귓전으로 날아온 한 마디 찬송 소리, 눈앞에서 반짝이는 십자가, 발 앞에 떨어진 전도지에 새겨진 한 구절 성경 말씀에 호기심 반 기대 반으로 들어왔다가 터줏대감 되야분 양반들이 솔찬해라우!

첨에는 맘씨 넓은 성님이 우리 사정 다 이해하고, 눈 감고 귀 막아 준 것이 징허게 고맙습디다. 그래서 우리 성님도 우리와 같이 하나님을 아는 복을 받게 해주십사 열심히 기도를 안 했겠소.

우리집 앞 마당에 달구지 마차 다 세와놓고 일 보러 댕기고, 때마다 철마다 와서 식사도 하시고, 좋은 일 생겼다고 선물도 돌리고, 반찬 떨어진 댁에 반찬도 갖다드림서, 함께 우리보담 더 어려운 사람들을 도와감서 우리가 점점 가까와져가는 줄 알았단 말이요.

우리는 마당을 왔다 갔다 하던 성님이 다 알고 있는 줄 알았소. 션찮게 지어놓아 허우대만 멀쩡헌 집이 비만 오면 물이 새고 곰팡내가 진동하며, 바람 심하게 불면 유리창 덜그덕거리고 방수 방풍 방음이 안 되는 땔싸 큰 집에서 엘리베이터도 없이 무작정 씩씩대고 걸어만 댕기는 우리 사정을 속 깊은 성님이 다 아시는 줄 알았소. 살째기 고개만 들이밀어 봐도 금세 알 수 있는 일잉께 말이요.

기왕 스러져가는 동네에 "가두단 차발불가단" 상투도 아니고 신식 단발도 아닌 애매한 차림새를 확 뜯어고쳐서 새로운 틀을 맹글어 놓으면 누이 좋고 매부 좋고, 마당 쓸고 돈 줍고,

꿩 먹고 알 먹고 둥지 헐어 불 때고, 처남 매부 누이 사돈에 팔촌까지 다 좋을지 알았소.

거그다가 통일이 되믄 즈그 동네에서 손 모으고 발발 떰서 귓등으로만 설교를 듣고 오므린 입 속으로 찬송을 씹어 샘키던 저 위쪽 형제간들도 후딱 와서 후련하니 찬송을 부르게 허고 싶었소.

머이네 머이네 해도 자손 많고 식구 많은 것이 질로 큰 복이라고, 우리는 성님도 우리 맘 같이 다 좋아라 하실 줄만 알았소. 그래서 미리 따로 말씀 못 드린 것은 참말로 송구허요, 성님!

근디 참말로 성님을 진작에 모셔다 놓고 말씀을 나눴드라믄 과연 우리가 이런 꿈을 꿀 수 있었을께라우? 나는 그것이 궁금허요!사랑하는 성님!

동명교회가 동명동에게 2

성님!

오늘은 쪼깨 긴 이야기를 해 볼란디, 참고 들어주실라우?

성경에 '야곱'이라는 친구가 있어라우. 어렸을 적에 '에서'라는 이름을 가진 즈그 쌍둥이 성(야곱은 즈그 성 발꿈치를 잡고 나왔다요!)이 사냥 갔다가 배를 쫄쫄 굶고 들어왔는디… 겁나 맛난 죽을 끓여갖고 냄시를 폴폴 안 풍겼겠소? 들판 이곳저곳을 종일 뛰어 댕김서 사냥을 허느라고 뱃가죽이 등가죽에 붙은 에서는 "배고파 죽겄응께 언능 그 죽 조까 도라"고 채근을 했지라우!

시망시런 동생놈이 시상에 "성! 나한테 성 자리 주믄 이거 주께!"라고 했다 안하요? 근디 더 웃기는 일은 그 성은 어찌나 배가 고픈지 "성 자리고 뭐고 다 니가 가져! 글고 언능 죽이나 줘!" 허고는 동생이 내준 요리를 덥석 묵어부렀단 말이요.

나중에 늙어서 눈이 어두워진 즈그 아부지를 속이고 지가 큰아들인체끼 하고는 장남한테 줄 축복을 싹 가로채부렀어라우! 실은 그때 즈그 성은 아부지한테 요리해 드리고 축복을 받을 요량으로 사냥허로 나가 있었는디… 즈그 엄마하고 짜고 아부지와 성을 옴막 속여묵어 부렀제라우!

나중에 성이 이 모든 일을 알고 나서 어쨌겄소? 동생 죽여분다고 난리 난리 그런 난리가 없었다요. 그래서 야곱은 먼디 사는 즈그 외삼춘네 집에 가서 십수 년을 숨어 지냄서 사기 결혼에 임금 착취에 별에 별꼴을 다 당허고 살았다요.(당해도 싸제!)

근디 그러는 동안에도 야곱은 하나님에 대한 믿음을 잃지 않고 저한티 일어나는 모든 일을 하나님한티 옴막 맡기고서, 속이면 속고, 뒤집어씌우면 뒤집어쓰고 했답디다. 근디 그 인내가 복이 되아갖고 엄청시리 부자가 되었다 안하요?

고향 떠난 지도 오래되고, 가정도 꾸리고 올적에와는 다르게 겁나게 부자가 되았고 해서 인자 도로 고향으로 가고 싶었던 개비여라우?

그래도 성한티 맞아 죽을까 무솨서 얍복강이라는 강가에서 저녁내내 하나님허고 씨름허대끼 기도를 하고 나서, 온갖 전략을 짜서 고향에 있는 성을 만나로 갔다요. 즈그 성이 저 죽일라고 사백 명 군사를 거느리고 마중 온다는 소문을 듣고, 성 줄 선물을 바리바리 싸서 먼저 보내고, 식구들은 혹시나 있을지 모를 몰살을 막을 요량으로 멀찌감치 띠어서 이동을 시켰제라우~

멀리서 성의 얼굴이 보잉께, 잽싸게 달려가서 선수를 쳤다요. "오메~ 성님! 성님 얼굴을 봉께로 하나님 얼굴을 뵌 것 같소야~!" 선수 친 효과가 있었으께라우? 에서가 동생을 확 쳐불

지 알았드만은 걍 확 보듬음서 그랬다요. "그간 잘 살았드냐? 근디… 요 떼거지는 다 멋이다냐?"

놀램 반, 안도 반, 고마움 반, 미안함 반, 야곱은 이라고 답했지라우! "쩌 앞엣 것들은 제가 겁나 죄송시라서 형님드릴라고 준비한 선물이고라우, 이짝은 내 식솔들이요. 아따 멋허냐? 언능 시숙한티, 큰아부지한티 인사 안 드리고!!!" 이 모습을 본 에서가 겁나 쿨하게 그랬다요? "나도 내 재산이 있는디… 니것을 갖다가 멋허겄냐? 걍 언능 가자!"

오늘 성을 만나로 가는 내 맴이 딱 그랬어라우~! 나 기도 많이 허고 갔소! "하나님! 지발 성한티 맞지 않게 해주세요!!!"

때리도 않고 욕도 않고 미소로 맞아주셔서 겁나게 고마웠어라우!

솔직히 여태는 내 식솔들 챙기니라고 성한티 소홀했소. 나도 나이가 칠십이 되다봉께 그간 밖에서 사귄 후배들이 여럿 되아요. 갸들 챙기니라고 성한티 많이 서운했소.

민망한 얼굴 들고 돌아온 동생을 용서하시고, 앞으로 한 집 맹키로 왕래험서 사십시다. 예수 믿으라고 강요는 안할팅게… 혹 드나들다가 궁금허믄 예배 시간에 한 번 들어와 보기도 하시고~ 아니믄 걍 암때나 오셔서 쉬었다 가시고, 때되믄 밥도 같이 묵고, 축하헐 일이나 슬퍼헐 일이 있으믄 같이 허고 그러고 사십시다!

그러다가 저 위쪽에서 또 말투 다른 형제간들 내려오거든 함께 모여서 보름달 봄서 통일 노래도 한번 불러보고…

어찌요?

나는 꼭 그래보고 싶소!

사랑하는 성님~

조선(朝鮮)을 위한 기도

남도의 중심 백악의 터에 일찍이
민족 교육을 위한 은혜의 씨앗 틔우신 주님!
예순일곱 성상이 떴다 지는 동안
치밀하신 섭리의 손끝으로
이 터전 연년세세(年年歲歲) 섬세히
어루만져 주셨음을 감사합니다.

그 발자취 돌아보아 은혜 아닌 것 없고
부스러진 보도 사이에
힘겹게나마 버티고 선 꽃잎 하나
당신의 숨결 없이
피어난 것이 없는 줄
믿고 감사하나이다.

물결 요동하는 세상의 바다 위에
우리를 작은 한 쪽배로 세우신 것은
좌우 상하 출몰하는 격랑 속에서
무기력의 심연으로 빨려들게 하심이 아니라
그 파도를 이길 힘을 스스로
길러내게 하시기 위함임을 믿습니다.

왕이 없어 자기 옳은 소견대로 행하여
역사에 암흑을 드리웠던 사사 시대 이스라엘의
자행자지(自行自止)하던 옛 습관을
십자가 밑에 모두 묻어버리게 하옵시고,
옷을 찢고 재를 뒤집어쓰는
회개의 무릎을 꿇게 하옵소서.

선장에게는 하늘의 지혜를,
조타수에게는 전광석화의 기민함을,
선원들에게는 장사의 기운과 아울러 순종의 마음을,
승객들에게는 태풍의 눈 속에서도
요동치 않는 기도와
지성(至誠)의 능력을 허락하여 주옵소서.

사십 주야의 홍수와 일백오십 일의 범람을
주의 약속을 믿음으로 견디며 기다린 노아에게
찬란한 약속의 무지개를 보이신 것처럼,
주를 향한 반가움만으로 바다 위를 달리다
연약한 믿음으로 물에 빠진 베드로에게
그 든든한 손길을 드리워 주신 것처럼,

현재의 고난과 비교할 수 없는 장차의 영광으로
오직 주께만 감사하고
오직 주님만을 바라는
참된 주님의 백성으로
거듭나게 하실 줄 믿습니다.

그날이 오기까지
집요한 기도의 끈을 놓지 않게 하옵시고
불꽃 같은 눈동자 거두지 마옵소서.
질투 같은 사랑 거두지 마옵소서.

부활의 자리

인적 없는 산길
무성한 안개의 늪을 지나
하늘의 숨결이 처음
땅을 스친 자리

흐르다 말라붙은
혈루(血淚)의 더께 위에
여린 심지로 펄럭이는
가련한 촛불 하나

어둠이 빛을 만나
한 겹 한 겹
두려움과
수치와
죄악의 옷을 벗는 동안

고통은 기쁨이 되고
비명은 찬송이 되고
죽음은 생명이 되고

그렇게

신화는 역사가 된다.

믿을 수 없는 이야기

그대 들어 보았는가
혹 들어는 보았는가

구원의 두루마리에
단단히 휘감긴 이들이
호기심과 두려움 그리고
열정과 긍휼로 펄떡이던 품에
그 소식 중히 품고서

낯설고 물설은 반도 땅
그 초라하던 하늘 아래 찾아와
땀으로 땅을 갈고
눈물로 씨를 뿌리고
피로 그 열매를 거두기 전,

아니 그보다 훨씬 전 이 땅에
우연의 바람을 타고 날아 온
필연의 민들레 홀씨처럼
그 사랑 말씀이 되어
몸소 이 땅에 먼저 들어오셨다네.

아무 준비도 없던
무지렁이 암흑의 포구에
말씀이 먼저 손수 닻을 내리고
뚜벅뚜벅 걸어 들어와
생명의 빛으로 현현(顯現)하셨다 하네.

그대 이 이야기를 믿을 수 있겠는가.
정녕 믿을 수 있겠는가!

또 하나의 슬픔

천 갈래의 슬픔과
만 갈래의 아픔은 오늘도
말 없는 바다를 향해
너의 이름을 토해 놓는데

모든 것을
다 받아준다는 저 바다는
사방 부는 바람에
그 이름들 전부
날려버렸단다.

점점 희미해져 가는
기억의 철창에 굳게 갇힌
너의 별과 나의 달 너머로

진실의 장막을 당기는
크로노스와 협상 중인
사탄의 식솔들의 미소가
악취 되어 번진다.

우리를 또다시 더욱
슬프게 하는 것들.

사과(謝過)

아직도 건지지 못한 영혼
환한 미소로나마 보여주는
가을 하늘에게 미안하다.

아직도 네게 닿지 못한 내 대신
날마다 그 팔 힘껏 뻗어주는
소나무에게 미안하다.

아직도 잊지 못하는 네 체취
먼 데서나마 불어다 주는
가을바람에게 미안하다.

아직도 외치지 못하는 함성
제 몸 살라 흘리며 밝혀주는
촛불에게 미안하다.

그 무엇보다

아직도 그 유리 벽 깨고 나오지 못해
피눈물로 발 구르고 있는

너에게 미안하다.

정말로

죽을 만큼

미.안.하.다.

태평양에서

태양도 떴다 지는 길에
잠시 숨을 고르는
드넓은 바다의 평원이

말할 수 없는 수천의 비밀
그 깊이만큼 드리워진
낮빛들 속에 감춘 채 숨을 쉰다.

물새는 아무 일 없는 듯
구름 위 무심한 바람 되어
평온한 쪽빛 가슴으로 날아가고

두 손 들어 부신 햇살 걷어내며
바람 쫓던 내 가슴에 문득
아득한 슬픔이 바위 되어 무너진다.

이 깊은 푸르름 속에
백년 천년 숨 쉬고 있는
누이와 오라비들의 피 묻은 수건 마냥

뻗으면 닿을 듯한 그리움 속에
아직도 세차게 펄럭이는 노오란 슬픔,
오늘도 바람은 너희를 향해 분다.

달리다 쿰!

-세월호 4주기를 추모하며

보고 싶은 어머니!
사랑하는 아버지!
그곳에서 더는 슬퍼 마세요.

안개와 어둠이
어깨동무 말동무하며
우리 가던 길목 막기 전에

가슴까지 차오르던 그리움이
까닭 없는 두려움 되어
온몸 마비시키기 전에

팔짱 낀 채 돌아서
외면하던 싸늘한 눈빛 아래
악어 눈물 가증스레 흐르기 전에

흔들리는 통통배 위에서
밤새 불빛만 요란하던 선착장에서
동동 발 구르는 소리 희미해지고,

뒤집힌 손톱 사이 흐르던 피로
아빠, 엄마, 사랑하는 형제자매
그 이름들 다 써 내려가기 전에

저 멀리 하늘에서
아직 뚝뚝 핏물 가시지 않은
메마른 손길 하나 조용히 내려와

달리다 쿰!
달리다 쿰!

일어나라, 내 딸아!
일어나라, 내 아들아!
나와 함께 낙원으로 가자!

세월의 아픔 한참 지나
슬픔의 언덕 훨씬 너머에
더욱 크고 놀라운 소망을 바라며

보고 싶은 나의 어머니,

사랑하는 나의 아버지,

그곳에서 더는 서러운 눈물
뿌리지 마세요!

사월과 오월

미소 뒤의 슬픔과
별 뒤에 숨은 광기
노란 꽃 아래 묻힌 소복과
소매 끝에 지우다 만 붉은 피

그리고

잠깐의 선잠 속에서
아직도 파란 안개를 지우며
나를 부르는 너의 손길
이 모든 것을 이해한 후에야
오월이 꽃처럼 피어날 텐데

그런데 언제부턴가 꽃은
유리창 밖에서만 피었다가 진다.

이천이십년 오월

빛보다 무성하던 눈물과
꽃보다 화려하던 분노
죽음보다 장려하던 원한에
초라한 위로 한 점 보탬도 없이

시간으로 탈색한 진실을
가증스런 영웅담으로 염색해가며
너희끼리 돌려쓰는 펜으로 낄낄대며
빼곡히 채워가는 그 추악한 일기장에서
이제 내 이름을 빼려 한다.

도리어 나는 기나긴 시간
같은 색깔의 눈물로 가슴을 짓찧어 온
형제들 손을 따스히 붙잡고
사랑과 평화의 가련한 노래나마
지성으로 불러야겠다.

나는 네놈들이 누구인지
알고 싶지도 떠올리고 싶지도 않다.

REMEMBER 0416

심연 속 난파선에서
오래 잊고 살았던
보물 하나를 건졌다.

덕지덕지 수치로 들러붙은
검푸른 녹과 이끼를 떼어내고
온 정성을 다해 닦아 본다.

기억 상실에 걸린 파도 속
회칠한 돌무덤을 뚫고 나온
또 하나의 십자가.

칠월의 기도, 2017

해도 별도 없는 하늘을
구름이 야금야금
뜯어먹고 있는데,

오갈 데 없는 여름은
내 몸 구석구석에
하염없는 눈물로
흐릅니다.

그 눈물 시내와 강을 지나
바다에 이르기 전에
영혼과 육신의 바위에
타르로 들러붙은 욕망도
다 쓸어가게 하소서.

얼룩진 창가의 주름들이
세찬 바람과 폭우 용케 견뎌
나락 여물어 주는 햇살
다시 만났을 때

가뿐해진 사지 너털거리며
호탕하게 웃을 수 있도록

아직 내 몸을 끈적이며
흘러내리는 여름의 눈물
함부로 털어내지 못하게 하소서.

우중 칠월

안개 속 적진에서
쏘아 올린 화살이
하늘 가득 쏟아진다.

비린내와 아우성
흥건히 뒤섞인
피바다 위로

화살 한 줌 가슴으로 받은
가련한 병사 하나
칠월의 전장을 헤쳐 간다.

가끔 귓전을 울리는
포화 사이로 이명처럼
번쩍이며 스며드는 고향 소식

장미 꽃망울 아직
처연한 그 담벼락엔
숲을 닮은 그 소녀가 여전히
푸른 미소 위에 서 있을까.

가슴에 박힌 고단함은
악몽이 되어 밤새 욱신거린다.

블라디보스토크

1917 그날의 외침
차마 깃발로나마 나부끼는
블라디보스토크 붉은 광장

이미 종료된 혁명
그 색 바랜 손끝엔
살찐 비둘기만
구구거리고

밤새 대륙을 달려와
극동의 첨단에 이른 열차는
아주 긴 호흡으로
생존을 알리며

아직 걷히지 않은
역사(驛舍) 위의 안개 속을
뚜벅뚜벅 걸어 들어가
그대로 또 하나의
역사(歷史)가 된다.

배롱나무 2

불면의 창 우룽 우르룽
밤새 뒤흔들던 호들갑과

시린 가슴 추적추적
종일 적시던 끈적한 사연,

눈가의 소금기마저 바짝바짝
태워버린 그 광기에도
여전히 푸르던 내 가슴에

아직도 은은한 그녀의 미소.

섭리

누군가는 관계라 하고
누군가는 친목이라 하며,
누군가는 인연이라 하는가 하면,
또 누군가는 운명이라고 합니다.

낯설고 물설은 곳에서 나와
서로의 인생을 쌓아 오던
각자의 운명들이

인연을 만나 가정을 꾸리고
가정들은 어느새 친목을 이루고
그 친목은 다시 핏줄보다 더 진한
형제와 자매라는 전혀 새로운
기적의 관계를 창조합니다.

이 모든 기적의 과정을 우리는
섭리라고 부릅니다.

그리고

그 가운데 계신 창조주를

하냥 찬양할 뿐입니다.

아침, 겨울

밤새 떨고 섰던
창문 너머로
게으른 겨울 볕이
기지개를 켜면

언 발 동동 기다리던
앞산 소나무 표정에
뾰루퉁하나마
화색이 돈다.

왜 이제야 왔느냐며
얼마나 기다렸는지 아느냐며
얼어 죽는 꼴 보려느냐며
쉴 새 없이 칭얼대는 동안

그 곁 나지막이 날던
외로운 비둘기
물고 있던 질문 하나
툭 하고 던져 놓는다.

혹시 뒷산 소나무
본 적이 있느냐고

여수 동백섬, 오동도

오동 닮은 작은 섬 위에
하늘 닮은 바다와
바다 닮은 하늘이
손짓하며 웃고 있지만

구름 속으로
자맥질 들어간 갈매기는
다시 땅 위에
발붙이지 않는다

살점 묻어나는
잔인한 채찍질로도
지울 수 없는 번뇌

수백 년 켜켜이 쌓인
참회의 발자욱으로도
씻을 수 없는 죄책

그 사이로
때마다 고개 들이미는

효수된 동백의 얼굴

오동을 밟으면
알 수 없는 피 냄새가
천지를 울린다

지금을 위한 기도

푸른 하늘에 오늘도
당신의 사랑은 떠올라
산머리의 허옇게 세던 근심도
사라진 지 오래인데

산 아래 광야엔 아직도
마비된 단 한 줄 신경만으로도
온몸을 가누지 못한 백성들
갈 바를 몰라 허우적댑니다.

어떤 이는 심판이라 하고
누군가는 저주라 하고
또 어떤 이는 시험이라 하며
또 다른 이는 징조라고 합니다.

내게 일어나지 않음을
자랑하지 말게 하시고
나만 피해가기를
애써 구하지 않게 하시며

모든 원인은 나에게서 찾게 하시고
당신을 잊은 우리를 회개하게 하시며
저 산 위에 높이 들려 비추는
참 진리를 찾아 돌아오게 하소서.

우리의 아픔이 솟는 곳에
당신의 애통은 못이 되어 박히고

우리의 눈물이 흐르는 곳에
당신의 피눈물 고여 스미는 것을 압니다.

아들을 제물로 하나님 산에 오른 아브라함과
자신을 태울 나뭇짐 지고 아비를 따른 이삭에게서
우리 죄 대신 아들을 죽음에 내주신 아버지와
자신이 달릴 십자가 들쳐 매고

골고다 오르던 그의 독생자 읽으며

오늘 지금 이 순간
우리의 모든 근육과 골수와 신경과 세포가

오직 당신의 긍휼만을 향하여 타올라
진실된 예배의 향기로 살라지게 하소서

주시는 이가 가져가시고,
가져가시는 이가 다시 주실 것을 믿으며,
참 생명의 근원 되시는 오직 한 분
그리스도 예수 이름 의지하여
간절히 기도 올리옵나이다.

아멘

4부

다시 '사랑' 이야기

間

새해 첫날

새해 첫날은 그렇게 왔다.
큰 눈도 비도 없이
그저 아무렇지도 않은
맑은 눈빛과 환한 낯빛으로.

지난 한 해 묵혔던
원도 한도 한 줌 풀지 못한 채
가상의 통장에 쌓인
채무 한 톨도 갚지 못한 채

눈가에 마른 눈물
가슴에 맺힌 구름이 되어
서녘으로 졌다가
동녘으로 다시 밝아 온
햇살의 눈부심으로
다시 내 앞에 비쳐왔다.

젖 마른 어머니의 가슴에 올라
환희의 만세를 부른 순간
집채만 한 바위는 또다시

저 아래 굴러떨어져
야비한 손짓으로
내려오라 부른다.

뭉친 근육 풀어줄 틈도 없이
나는 다시 저 아래로 내려가
새로 얹힌 무게의 뒤켠에

두 손 양씬 뻗대고
한 해를 또 굴리며 올라야 한다.

새해 첫날 2

새해는 묶음으로 단번에 오지 않는다.

삼백예순다섯 걸음 차곡차곡 쌓아 걸은 후, 그 고단함만큼 찬란해진 묵은해가 저 깊은 저수지의 심연으로 스스로를 내던져 "풍덩"하는 소리를 내고, 남은 파장과 여운이 후드득 손에 닿지도 않는 곳에 떨어지는 미세한 눈물까지 날름 삼키고 난 후에야 비로소 새해는 아직 그 파르란 핏줄 다 덮지 못한 투명한 손가락을 더듬더듬 꼼지락거리며 광막한 모래사장의 가장자리서부터 기어 나오는 법이다.

그러므로 동창 언저리에 빛이 들어왔다고 해서 희망찬 새해가 밝았다고 수선 피우지 마라.

장렬히 자결한 듯 보이는 묵은해의 자맥질이 완전히 멈추고, 어떻게든 그 호흡을 이어보려는 간교한 손짓들의 모든 계략들이 무위로 돌아가는 그 순간까지

아직 새 해는 저수지 속에 있다.

치유(治癒)

분노와 서러움이
내 가슴의 트랙에서
경주를 시작했다.

귀뚜리의 응원에 맞춰
밤새도록 머리와 가슴
헤집고 요동하더니

가슴 한가운데
조용한 자리에서
갑자기 그 발걸음을 멈췄다.

그곳은
뜨거운 심장이
사랑으로 뛰는 곳.

오월 장미

그대 아름다운 이여
내 손을 잡아 주오.
지난밤 피맺힌 그리움
사랑 되어 피어나도록

그대 향기로운 이여
내 곁에 있어 주오.
가슴 속 묻어둔 서러움
알싸한 내음으로 퍼지도록

그대에게 가는 길
기나긴 어둠뿐이라 해도
그대 향한 내 손과 발
가시덤불에만 휩싸인다 해도

기나긴 기다림의 한숨 뒤
멀고 구비 진 고난의 발자욱 끝에
마침내 먼발치서라도
그대 형상 볼 수만 있다면
환상의 신기루 속이라도

그대 향기 느낄 수만 있다면

그대 내 고운 이여
거기서 떠나지 마오.
아직 끝나지 않은 내 노래
다 부를 수 있도록

그대 내 귀한 이여
내 손을 놓지 마오.
아직 채 끝내지 못한 그림
사랑으로 채울 수 있도록.

눈 내리는 날, 광주역

아주 오랜 골동품 향이 나는 것 같기도 하고
아주 퀴퀴한 곰팡내가 나는 것 같기도 하다.
아니 어쩌면 아침에 뿌리고 나온
캘빈 클라인 향수 내음일지도 모른다.

아직 채 지워지지 않은 비릿한 핏자국과
지금도 귓전에 웅웅거리는 흐릿한 함성이
기억으로 잊힌 황량한 역사(驛舍)의 텅 빈 아침,

해는 떴으나 아직 빛은 비추이지 않은
우울한 겨울의 저 표정 너머로부터
백만 년 전에 부친 편지들이 하나씩 둘씩 떨어진다.

자세히 보니, 떨어지는 것은 글자들이 기록된 편지가 아니라, 그 위에 얹혀 있던 글자들이다.
때마침 불어온 바람을 타고 글자들이 떼를 지어
이리저리 우르르 몰려다닌다.

그 글자들의 떼를 바라보는 이들은 저마다 서 있는 자리에서 눈에 비치는 대로 그 글자들을 읽는다.

누구는 슬퍼하고, 누구는 날듯이 기뻐하고,
누구는 죽일 듯이 분노하고,
또 누구는 죽을 듯이 좌절한다.

글자들은 또 불어오는 바람을 타고 다시
어디론가 우르르 길을 떠난다.

사랑으로 다가가라

처음엔 음습한 그늘에 숨은
존재감조차 없는 빛깔로
눈에 띄기도 힘들지 모른다.

때론 골목 끄트머리
스치는 햇살 자락이나마
여윈 손 겨우 내밀어
만져보려 할지 모른다.

그러다가
넘치는 수줍음과
한없이 부족한 배짱이
가슴 속에서 시소 놀음 하는 사이
떨리던 손끝 너머로
그 햇빛 훌쩍 지나가고 나면

아직 어두운 구석에
요동만 하는 심장으로
웅크리고 있다가 불시에
불타는 눈동자로

덤벼들지도 모른다.

그러므로 애초에
사랑으로 다가가라.

사랑받기 전 두근거리던 심장은
사랑을 놓치고 나면

슬픔과 분노로 이글거리나
사랑으로 다져진 후에는
세상을 움직이는 동력이 되는 법.

그러므로 애당초
사랑으로 시작하고 볼 일이다.

당신이 필요한 이유

당신이 없다면
오뉴월 땡볕 사이 어디 만치에
가장 시원한 그늘이 지는지

장마철 지겨운 어느 중간쯤에
맑은 하늘가에서 방긋 웃는
햇볕을 볼 수 있는지

애써 고민할 필요가 없겠지요.

당신이 없다면
귀뚜리 소리 그윽한 가을 숲속으로
몇 걸음이나 걸어 들어가야
달빛이 가장 아름다운지

한겨울 담장 위로
눈이 얼마만큼이나 쌓였다 녹아야
당신의 미소 같은 봄볕을 볼 수 있는지

애써 재어 볼 필요도 없겠지요.

당신이 없다면
내게서 나온 모든
말과 생각과 결심의 실천들은
무심한 호숫가에 메여 맴만 도는
텅 빈 쪽배에 불과할 것이며,

그 무엇보다 당신이 없다면
천지간 흩어진 내 이름마저도
스산한 골짜기에 찾는 이 하나 없이
초라히 버려진 무덤 위를 떠도는
묘비명에 지나지 않을 것입니다.

백일홍의 눈물

맑은 하늘을 보면
까닭 없이 눈물이 난다.

평소보다 훨씬 더
때깔 고운 구름
대양을 누비는 요트마냥
호사스레 지나가고

끈적임도 없는 살가운 바람
첫날 밤 그녀의 살갗 비비며
소리 없이 흐르던 실크 잠옷처럼
향기롭게 스쳐 가도

어느 날 갑자기 기별도 없이
쭉 뻗은 두 손 위로 훌쩍 올라가 버린 채
허한 뇌리에 슬픈 기억으로만 공명하는
청명한 가을 하늘의 무심한 미소는

분홍빛 살갗 떨어진 자리
서러운 생채기로만 남아

하늘은 하늘대로 푸르러만 가고
들판은 들판대로 황금빛 물결 일렁이도록

주체할 수 없는 서러움으로
눈물의 제방을 연다.

한가위의 기도

천지간 휘몰아치던 태풍은
바다의 오염을 걸러
바래진 쪽빛을 되살리고

띠앗거리기만 하던 뙤약볕은
알곡 사이 헤집던 잡풀들을 말려
들판에 황금빛 풍요를 피워냅니다.

자연의 시련 속에서
이 악물고 머금은 피눈물은
달콤한 과즙으로 응어리지고

불끈 쥐고 단단히 견딘 두 주먹은
그 과즙 견고히 지키는
빛나는 껍질이 되었습니다.

심장을 떠나 사방으로
퍼주고 나누느라 기진한 핏줄들이
새파랗게 지친 얼굴로나마
다시 한 방에 모이는 날

나눔으로 허전해진 곳간
은혜로 채우게 하시고
슬픔으로 찢긴 상처
사랑으로 아물게 하시며
함께 바라보는 보름달로 인하여
기쁨이 충만하게 하소서.

그리하여 알게 하소서.
저 여유로운 보름달의 미소도
이지러짐을 진득하게 견딘
치열함으로 시작되었다는 것을.

선물

샘물 말라 먼지
바위 되어 날리는 계곡

해 떨어져 어둠
빨래 되어 널리는 담장

동아줄 끊어져 핏물
바다 되어 홍건한 수수밭

그 갈라진 틈새로
생명 축하하는 생명
아주 오래 기다리던

착한 선물.

비 소식

불면으로 초췌해진
그리움 목마른 창가에
연한 바이올렛 향기
창문을 어루만지고,

눈썹 위에 사막을 얹은
예쁜 눈의 낙타 한 마리
조막만 한 미소로
온 창을 환히 비추네.

먼 데서 들려오는 피아노
꿈결 같은 선율 사이로
잊고 살던 사랑이
다시 찾아오려나.

단비

여름 하늘이
굳게 닫힌 빗장을 풀고
오래 숨겨 온 마음을
드러냅니다.

기실 그 마음은
당신이 그리워 밤낮 흘리던
나의 눈물이랍니다.

기다림의 담벼락 오르던
서러움의 담쟁이 줄기에
올올이 맺힌 눈물 하늘에 쌓이고

그 무게 견디지 못한
창고의 빗장이 풀려 하늘은
그 마음을 들키고 말았지요.

당신을 그리는 내 눈물과
나를 원하는 당신의 눈물이
하늘 창고에 동시에 쌓인다면

하늘은 아마도 그 마음 감출 틈이
없게 될지도 모르겠습니다.

눈 내리는 밤

짙게 드리운 구름을 피해
하늘에서 별들이 사라지던 밤
하얀 눈은 그 별들을 쫓아
이 땅으로 내려온다.

그렇게 이 땅으로 쫓겨 온 별들은
어두운 골목 한 귀퉁이
가난한 시인이
목멘 그리움을 끄적거리는
작은 골방으로 찾아와
한 줄기 불빛으로 흔들거리고

분을 이기지 못한 눈발은
성에 낀 유리창 너머에서
온몸으로 절규하다
언 땅 위로 소복소복 쌓이다
불현듯 찾아온 사랑의 그림자에
뜨거운 눈물이 되어
등나무 뿌리 뒤로 숨어든다.

탁자 위 덩그러니 남겨진 술잔 위로
미처 내뿜지 못한 고백은
담배 연기되어 맴돌고
창밖에 밤새 흩날리는 눈은
손을 뻗어도 닿지 않는
희미한 별빛의 그림자를 안고
울며 그저 춤춘다.

겨울 하늘

무거운 표정 한 짐 들고 찾아와
종일 한마디 말없이
한숨만 긁적이고 있길래
필시 내게 무언가
할 말이 있는 줄 알았다.

언젠가 내가 그러하였듯이

마냥 흩어만 지려는 그리움
두 손으로 온 맘으로 꼭꼭
눌러두고 있다 마침내
그 무게에 짓눌린 한숨이 왈칵
서러운 눈물로 쏟아지려 할 때

하필 내 앞에 흔연히 나타난
투명한 네 미소로 하여
나는 또다시
백 년에 한 번 생길 법한
주먹만 한 진주를
꿀꺽 삼키고 말았다.

지금 그 진주 내 가슴 속에
해만 한 불덩이가 되어
시도 때도 없이 활화산으로 이글거리며
밤마다 눈물로 적신 침상을
남김없이 태우고 있다.

그러므로 내어 뱉어라.
그저 맴만 도는 찬바람에
활화산이 얼음 바다 되기 전에
응어리진 불덩이에 오장육부
잿더미로 사라지기 전에
그립다고 말하여라.
사랑한다고 말하여라.

그립다고 말하여라.
사랑한다고 말하여라.

착각(錯覺)

시방 내가 걷는 이 길이
너한테 가는 길이라면 좋겠다.

들숨과 날숨 사이로
희망과 절망이 수시로 교차 되는
내 머릿속 겨울나무 가지의
얽힌 타래들을 지나

어느덧 네모반듯한
밤길 안내자의 매혹적인 눈짓
그 아래 서면

낮에 보았던 은은한
찔레의 미소와 향기로
네가 나를 기다릴 것 같은
착각 때문이다.

허나 그러할지라도
정녕 이 길이 너에게로만 이어진
길이라면 좋겠다.

사랑

그것이면 족합니다.
엉겅퀴 가시 허리에 두른
태산과 준령 하늘로 솟은들

흉용한 파도 태풍과 공모한
망망한 대해가 대륙을 덮은들

맞잡은 두 손안에
날마다
새롭게
뜨겁게
그것이 펄떡이는 한

마냥 신세계.

그래요. 그냥,
그것 하나면 족합니다.

사랑하는 방법

마음의 뜨락 한구석
아담한 외등 하나 켜 둡니다.
조도 높은 전구나 키 큰 망대
화려한 장식은 필요치 않습니다.

주머니에서 내내 바스락대는 편지
살짝 기대어 읽어보고
가던 길 갈 수 있으면 됩니다.

가슴 속 정원 한구석
작은 사과나무 하나 심어 둡니다.
비 오고 바람 들이치고
뙤약볕 작열해도 괜찮습니다.

묵직한 하늘 낮게 날던 새 한 마리
한숨 돌리고 날던 하늘
다시 날 수 있으면 됩니다.

겨울비

이른 아침 먼 바닷길로부터
겨울비가 다가온다.

외로운 가슴 한켠
방울로 내리는 비는
온 바다를 적시고 넘쳐
산과 계곡 너머 들판을 지나며
광야를 뒤덮는 동안

바람에 찢기고 가뭄에 할퀸 상처들
사이사이에 스미어 머잖아 다시 돋아날
새 살과 새순들이 돌아올 길을 만든다.

겨울비가 봄비보다 더 따습다.

대한 풍경(大寒 風景)

모처럼 겨울이 하얗게 웃는다.

잿빛 빗장이 우연히 열리고
어수선한 표정 뒤에 감춰져 있던
태양의 빛나는 이빨들이
그 하얀 웃음들 위에 얹혀
주룩주룩 쏟아져 내린다.

아직 낮인지 밤인지
분간도 못 하는 이 땅에서
길 가다 삼십 원이 남아 깜박거리는
공중전화를 발견한 내 한 친구는
삼십 년 전 달콤한 추억에게 전화를 걸고

드넓은 창공을 활보하는
겨울의 그림자를 몰래 미행하던
사랑스런 나의 또 한 친구는
그가 한 방 날린 냉펀치에
온몸이 마비되는 경험을 한다.

잘 익은 떡시루처럼 하얗게 익어가는
한겨울 풍경 앞에 서 있는 나는
유리처럼 투명한 너의 미소를 떠올리며
그것이 희미하나마 나를 보고 웃음 짓는
너의 미소이기를 애타게 염원하고 있다.

모처럼 겨울이 환하게 웃고 있다.

겨울 원행(遠行)

한겨울 볕 좋은 어느 날
너른 벌판에서 불어오는 찬바람에
싸대기 두어 대 맞아본 들 어떠랴

북극 한파 앞에 시퍼렇게 떨고 섰는
맑은 창 틈새로 조단조단 스며드는
옛이야기 같은 햇볕만 있어 준다면

창밖 먼 시야 구름 너머로
꽁꽁 언 머리에 솜 같은 눈 모자 쓴
지루한 능선이 눈에 들어온들 어떠랴

고향 집 우물의 한 두레박 맑은 물에서
알맞은 향기로 우러난 한 잔 커피
외로운 세포 속에 바이러스로 퍼져준다면

처마 끝 흐르던 겨울의 서러움이
뜨거운 분노로 녹아내리다
상어처럼 입을 쩍 벌려 이를 간들 어떠랴

망각 같은 추억과 그리움이
나눠 가진 향기와 온기에 반응하여
사랑이라는 백신으로 자라만 준다면
그리고 그 자리에 우리 함께 있다면.

지금을 위한 기도 2

눈앞의 재앙을 너무 가벼이
여기지 않게 하소서.
행여 알량한 재주 부스러기
교만의 불씨가 될지
모르겠습니다.

쉽사리 두려움의 무릎 꿇으며
항복도 말게 하소서
징계의 채찍 타고 흐르는
사랑의 피눈물을
놓칠 것만 같습니다.

서로 돌아보아 격려하되
어쭙잖은 잣대로 판단치 않고
연약한 그릇에 담긴 기도의 정성에
징계의 교훈 함께 마시게 하시어

현재의 고난이 훗날
기억의 혈관 속에서 꿈틀거릴 때
더 크고 밝은 영광 앞에

더욱 깊어진 감사로 찬양하며
예배하게 하소서.

겨울의 몸부림

불러도 대답 없는 이름과
기다려도 오지 않는 무심함에
밤새 몸서리치며
웅얼거리기만 하던 겨울은

북극 한파의 등에 올라
지구를 일곱 바퀴 반을 돌아도
풀리지 않는 응어리를
애써 털어내 보려는 듯
이른 아침을 몸부림으로 시작한다.

글쎄
턴다고 털어지면
던진다고 멀어지면
발길을 돌린다고 등질 수만 있다면
차라리 질끈 눈이라도 감을 것을.